ça marche!

La lumière

Anna Claybourne

Texte français de Louise Prévost-Bicego

Éditions SCHOLASTIC

D0520837

Catalogage avant publication de Bibliothèque
et Archives Canada

Claybourne, Anna

La lumière / Anna Claybourne ;

illustrations de John Haslam ; texte
français de Louise Prévost-Bicego.

(Ça marche!)
Traduction de: Light and dark.
Comprend un index.
Pour les 5-8 ans.
ISBN 978-0-545-98180-4

1. Lumière--Expériences--Ouvrages pour la jeunesse.
I. Haslam, John II. Prévost-Bicego, Louise III. Titre.
IV. Collection: Ça marche!

(Éditions Scholastic)

QC360.C5314 2009   j535   C2009-901012-7

Copyright © QED Publishing, 2008.
Copyright © Éditions Scholastic, 2009,
pour le texte français.

Tous droits réservés.

Il est interdit de reproduire, d'enregistrer
ou de diffuser, en tout ou en partie, le présent
ouvrage par quelque procédé que ce soit,
électronique, mécanique, photographique, sonore,
magnétique ou autre, sans avoir obtenu au préalable
l'autorisation écrite de l'éditeur. Pour toute information
concernant les droits, s'adresser à QED Publishing, une division
de Quarto Group, 226 City Road, Londres EC1V 2TT, R.-U.

Édition publiée par les Éditions Scholastic, 604, rue King Ouest,
Toronto (Ontario)   M5V 1E1.

5 4 3 2 1   Imprimé en Chine   09 10 11 12 13

Auteure : Anna Claybourne
Conceptrice graphique : Susi Martin
Recherchiste d'images : Claudia Tate
Illustrateur : John Haslam
Directrice artistique : Zeta Davies

Références photographiques

Getty images 10-11, 18
Shutterstock 4-9, 12-13, 15, 17-21

Les mots en caractères **gras** sont expliqués dans le glossaire de la page 22.

Table des matières

D'où vient la lumière?

La lumière vient surtout du Soleil. Le Soleil est une grosse boule de gaz qui produit de la lumière.

La lumière électrique nous éclaire aussi. Elle provient de l'**électricité**.

ATTENTION!
Ne regarde jamais le Soleil directement. Il risque d'endommager ta vue.

4

Une lampe est une autre **source de lumière**. Une pile alimente en **énergie** sa petite ampoule.

Certains animaux, comme ce calmar, sont lumineux! Une substance chimique dans leurs corps produit de la lumière.

Le faisceau lumineux de ta lampe de poche éclaire l'endroit où tu le diriges.

Faisceau lumineux

Lampe de poche

5

Pour voir...

Tu sais s'il fait clair ou s'il fait noir. Comment la lumière nous aide-t-elle à voir?

Pour que tu puisses voir, la lumière doit entrer dans tes yeux. Tes mains l'empêchent d'entrer.

Si tu te couvres les yeux avec tes mains, tu ne vois rien – même pas tes mains.

Tes mains ne laissent pas la lumière aller dans tes yeux.

Ampoule

Rayons de lumière

Quand tu enlèves tes mains, la lumière entre dans tes yeux.

Si tes yeux sont ouverts et non couverts, ils laissent entrer la lumière. Celle-ci envoie un message à ton cerveau pour que tu comprennes ce que tu regardes.

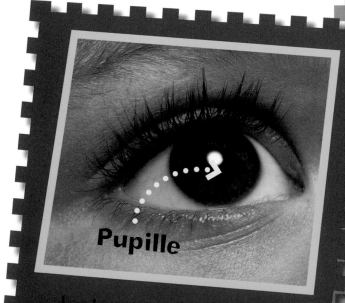

Pupille

La lumière entre dans tes yeux par des trous appelés **pupilles**.

Jusqu'où peux-tu voir?

Devine jusqu'à quelle distance tes yeux peuvent voir. Un kilomètre? Dix kilomètres? Mille kilomètres?

C'est encore bien plus! La nuit, tu peux voir la Lune. Elle est à environ 400 000 km de la Terre.

Du haut d'une colline ou d'un gratte-ciel, tu peux voir très loin, si rien ne te bloque la vue.

La nuit, tu peux voir les étoiles, à des millions de kilomètres d'ici. Comme le Soleil, les étoiles sont des boules de feu. Tu les vois parce que leur lumière se rend jusqu'à tes yeux.

La lumière va très vite. Elle parcourt environ 300 000 km à la seconde!

La lumière va bien plus vite que les fusées spatiales les plus rapides.

Ombres

Éclaire un mur avec une lampe de poche. Mets tes mains devant le faisceau lumineux. Que se passe-t-il?

Tes mains bloquent la lumière de la lampe de poche et font une **ombre** sur le mur.

La lumière voyage en ligne droite. Elle ne contourne pas les choses. Ce qu'elle n'atteint pas reste dans le noir, créant une ombre.

Une ombre se forme quand un objet empêche la lumière de passer.

Faisceau lumineux

Lampe de poche

Ombre

C'est un fait

Les rayons de lumière sortent de la lampe de poche en lignes droites qui s'élargissent. C'est pourquoi l'ombre de l'araignée sur le mur est plus grande que la vraie araignée.

11

La lumière voyage en ligne droite. Pour contourner un coin, elle doit être réfléchie par quelque chose.

La lumière peut être réfléchie par toutes sortes de choses, un miroir par exemple.

Fais un essai

Tente l'expérience suivante pour voir derrière un coin. Il te faut un petit miroir en plastique.

1 Place-toi à l'extérieur d'une pièce, près de la porte, de façon à ne pas voir à l'intérieur.

2 Tiens un miroir face à l'entrée. Tourne-le lentement vers toi. Tu pourras voir, réfléchies dans le miroir, les choses qui se trouvent dans la pièce.

C'est un fait

La lumière du soleil ou d'une autre source rebondit d'abord sur les objets dans la pièce, puis elle frappe le miroir. Celui-ci réfléchit la lumière dans tes yeux. Tu peux ainsi voir tout ce qui t'entoure, même derrière un coin!

Lumière vers les yeux

Miroir

Lumière de la pièce

Lumière déviée

La lumière peut dévier en traversant une substance transparente comme l'eau ou le plastique. Cela s'appelle la réfraction.

Fais un essai

La façon dont la lumière dévie semble faire bouger les choses! Il te faut une pièce de monnaie, un bol transparent, de l'eau.

1 Mets la pièce de monnaie au fond du bol. Assois-toi face au bol, de façon à voir à travers sa paroi.

C'est un fait

Tu vois la pièce de monnaie, car la lumière qu'elle réfléchit voyage en ligne droite jusqu'à tes yeux.

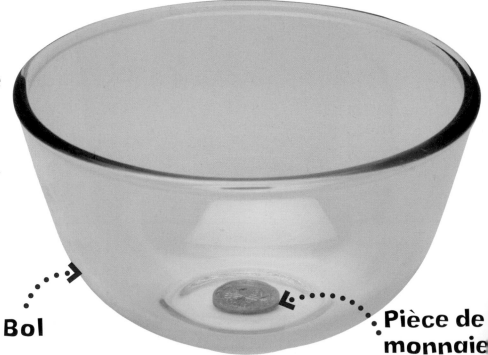

Bol

Pièce de monnaie

L'eau d'une piscine paraît moins profonde quand on s'y tient debout. Nos jambes semblent plus courtes. C'est dû à la réfraction.

À cause de la réfraction, ce crayon debout dans un verre d'eau semble brisé.

2 Sans bouger, demande à un adulte de verser lentement de l'eau dans le bol. La pièce de monnaie semble se soulever, même si elle reste au fond.

Quand il y a de l'eau dans le bol, la lumière dévie en passant de l'eau à l'air. C'est pourquoi la pièce de monnaie semble avoir bougé.

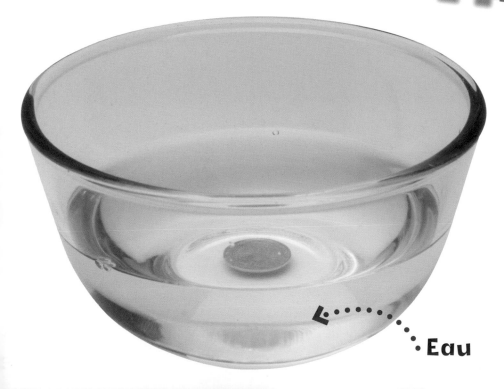

Eau

La nuit sur Terre

Pourquoi fait-il noir la nuit? Notre planète, la Terre, tourne sur elle-même. La partie que nous habitons se tourne lentement vers le Soleil, puis s'en détourne.

Fais un essai

Avec une lampe de poche, observe un autocollant sur une balle.

1 Pose l'autocollant sur la balle pour représenter l'endroit où tu habites.

2 Plonge la pièce dans l'obscurité. Avec la lampe de poche, éclaire la balle et fais-la tourner.

3 En tournant, la balle fait passer l'autocollant de la lumière à la noirceur. C'est ce que fait la Terre.

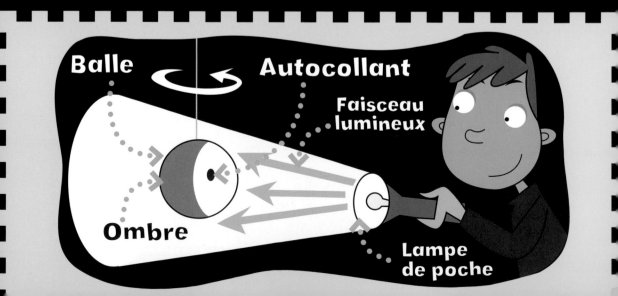

Balle
Autocollant
Faisceau lumineux
Ombre
Lampe de poche

Nuit

Jour

C'est un fait

Quand on est dans la lumière, il fait jour. Quand on est détourné du Soleil, il fait nuit.

La lumière ne peut pas contourner la Terre. La partie détournée du Soleil est dans l'ombre. Le Soleil n'arrête pas de briller. Il fait toujours jour quelque part.

Horloge à ombre

Durant la journée, le Soleil semble se déplacer dans le ciel. Cela fait bouger les ombres.

Fais un essai

Fabrique une horloge à ombre. Il te faut un crayon, une paille, de la pâte à modeler, une assiette en papier et une horloge ou une montre.

1 Sers-toi de la pâte à modeler pour faire tenir la paille debout au milieu de l'assiette.

Assiette en papier

Pâte à modeler

Montre

Paille

Crayon

2 Mets l'assiette au soleil – près d'une fenêtre qui fait face au soleil presque toute la journée, par exemple.

3 Toutes les heures, fais une marque là où se trouve l'ombre de la paille et inscris-y l'heure.

Paille

Assiette en papier

Pâte à modeler

15 h

14 h

13 h

12 h

4 Laisse l'horloge dans la même position. Tu peux maintenant t'en servir pour lire l'heure.

Quand l'ombre tombe sur la marque de 15 h, par exemple, il est 15 h!

Le cadran solaire est une sorte d'horloge à ombre, généralement en pierre et en métal. On l'utilisait avant l'invention de l'horloge

Couleurs de la lumière

La lumière des lampes et du soleil semble blanche. En fait, elle est formée d'un mélange de couleurs.

Fais un essai

Pour voir les couleurs de la lumière, fais-un **prisme** : place un objet de verre ou de plastique en forme de triangle dans une source de lumière.

Il te faut une lampe de poche, une feuille de papier blanc et un prisme.

1 Avec ta lampe de poche, éclaire le prisme.

2 Tiens le papier de l'autre côté du prisme. Vois-tu toutes les couleurs?

Les gouttes de pluie agissent comme des prismes. Quand la lumière du soleil les traverse, elle se sépare en couleurs et forme un arc-en-ciel.

C'est un fait

Quand elle entre dans le prisme et en ressort, la lumière dévie – elle est réfractée. Elle se sépare alors en plusieurs couleurs.

Glossaire

Électricité
Sorte d'énergie qui peut servir à faire fonctionner des machines.

Énergie
Puissance permettant à quelque chose de marcher, de se produire ou de bouger.

Lumière du jour
Lumière qui vient du Soleil et qui nous éclaire durant le jour.

Ombre
Zone de noirceur qui se forme quand un objet bloque le passage de la lumière.

Prisme
Objet triangulaire en verre ou en plastique transparent. Une lumière qui entre dans un prisme, puis en sort, dévie et se sépare en différentes couleurs.

Pupille
Trou noir dans l'œil qui laisse entrer la lumière.

Réfléchir
Renvoyer et faire changer de direction. Des miroirs et d'autres objets réfléchissent la lumière.

Réfraction
Façon dont la lumière dévie quand elle passe d'une substance transparente à une autre.

Source de lumière
Quelque chose qui produit de la lumière, comme une lampe de poche ou une lampe ordinaire.

Index

Notes aux parents et aux enseignants

• Pour toute activité liée à la lumière du soleil, rappelez aux enfants de ne jamais regarder directement le Soleil, car ils risquent d'endommager leur vue.

• Cherchez des exemples d'ombres dans la vie de tous les jours. Discutez des conditions qui créent des ombres nettes, comme un soleil brillant ou une seule source de lumière puissante. S'il y a plusieurs lumières dans une pièce ou si le Soleil se trouve derrière des nuages qui rendent sa lumière diffuse, les ombres deviennent floues ou embrouillées. Discutez avec les enfants des raisons de cela.

• Voyez combien de sources de lumière les enfants peuvent repérer spontanément, comme le Soleil, les lumières électriques, la flamme d'une bougie et les petits voyants DEL des téléphones, des montres et des ordinateurs. Ils pourraient dresser une liste des sources de lumière trouvées et indiquer si la lumière est blanche ou colorée et si, à leur avis, elle est forte ou faible.

• Les planètes et la Lune semblent briller dans la nuit, mais ne sont pas des sources de lumière. Incitez les enfants à trouver pourquoi. Les planètes et la Lune réfléchissent la lumière du Soleil vers nous, sur Terre. Cela se produit même quand on ne voit pas le Soleil. Le clair de lune est donc, en fait, la lumière du Soleil réfléchie vers nous.

• Invitez les enfants à regarder dans un miroir. Demandez-leur « Pourquoi peux-tu te voir? » et dites-leur « La lumière se réfléchit sur toi et frappe le miroir. Celui-ci la réfléchit à son tour jusque dans tes yeux ».

• Pour faire une autre expérience de réfraction, trempez une paille dans un verre d'eau. Penchez-la dans un sens, puis dans l'autre, et regardez-la sous différents angles. La réfraction fait dévier la lumière et la paille semble parfois pliée.